Der Zeitstrahl

P. Hölzel, E. Kumschier und C. Schamfuß

Der Zeitstrahl

Wegweiser zur Anwendung der spanischen Tempora

Schmetterling Verlag

Die Deutsche Bibliothek – CIP-Einheitsaufnahme

Hölzel, Petra:
Der Zeitstrahl : Wegweiser zur Anwendung der spanischen
Tempora / P. Hölzel, E. Kumschier und C. Schamfuß. - 1.
Aufl. - Stuttgart : Schhmetterling-Verl., 1996
ISBN 3-89657-390-X
NE: Kumschier, Erika:;Schamfuß, Cornelia:

Schmetterling Verlag

GbR Jörg Hunger und Paul Sandner
Rotebühlstr. 90
70178 Stuttgart

ISBN 3-89657-390-X
1. Auflage 1996
Printed in Germany
Alle Rechte vorbehalten
Satz: Atelier Börner, Nürnberg, Text GmbH, Stuttgart
Druck: GuS-Druck GmbH, Stuttgart
Binden: IDUPA, Owen

Vorwort

Der kleine Wegweiser zur Anwendung der spanischen Tempora ist nur dem großen Interesse meiner Student/innen zu verdanken, insbesondere Frau Kumschier und Frau Hölzel; sie wünschten, daß der Zeitstrahl möglichst vielen Spanischlernenden behilflich sei. Beide Damen haben außergewöhnlich vorbildlich bei der Gestaltung und Publikation dieses Buches mitgewirkt. Ein besonderer Dank gebührt der Firma Atelier Börner in Nürnberg, die uns freundlicherweise die Computer-Technik zur Verfügung stellte und das Büchlein großzügig mitfinanzierte.

Das vielfältige Angebot spanischer Lehrbücher, praktischer Übungsbücher oder systematischer Konjugationstabellen über das spanische Verb leisten beim Erlernen der spanischen Sprache bereits große Hilfe. Allerdings ist eine grundlegende Darstellung der Zeitlichkeit der spanischen Tempora noch nicht publiziert worden.

Besonders bei der Anwendung dieser Tempora zeigt sich immer wieder, daß es zu erheblichen Unsicherheiten kommt, wenn zwischen dem einen und dem anderen Tempus entschieden werden muß, um einen bestimmten Sachverhalt richtig wiederzugeben. Deshalb wurde ein Zeitstrahl konzipiert, auf dem auch die Zeitlichkeit der Tempora ablesbar ist und somit die Wahl eines Tempus für einen bestimmten Sachverhalt erleichtert wird.

Dabei wurde darauf geachtet, anhand einfacher Satzbeispiele die wesentlichen zeitlichen Charakteristika der spanischen Tempora zu skizzieren und in leichtverständliche Texte zu kleiden.

Möge allen Spanisch-Interessierten das Arbeiten mit dem Zeitstrahl soviel Freude bereiten wie meinen Studenten, die dieses Zeitendiagramm als optisches Hilfsmittel schätzten.

Nürnberg, im Februar 1996   Dr. Rau-Schamfuß

Inhaltsverzeichnis

Anhang
Der Zeitstrahl für „la voz activa" (Tatform des Verbs)
Der Zeitstrahl für „la voz pasiva" (Leideform des Verbs)

Erklärung der Fachausdrücke

Adverb Umstandswort, z.B. <u>Hoy</u> escribo una carta.

Aktiv (*voz activa*) – Tatform des Verbs,
z.B. Mi amigo me invita.

Flexion Beugung eines Wortes

Imperativ (*imperativo*) – Befehlsform eines Verbs

Indikativ (*indicativo*) – Aussage- oder Wirklichkeitsform
eines Verbs

Infinitiv Grund- oder Nennform des Verbs, z.B. invitar

Kommunikation Verständigung, wechselseitige Mitteilung

Konjugation (*conjugación*) – Beugung eines Verbs
z.B. invito, invitas, invita, ...

Konjunktiv (*subjuntivo*) – Möglichkeitsform eines Verbs,
Modus der Vorstellung oder Aufforderung

Modalverb ein Verb, das in Verbindung mit einem Infinitiv
eine Handlung oder Beschreibung modifiziert,
z.B. <u>Quiero</u> escribir cartas a mis amigos.

Modus (*Mehrzahl: Modi*) – Aussageweise des Verbs,
z.B. Indikativ, Imperativ, Konjunktiv

Nachricht Mitteilung, Information, Botschaft

Passiv (*voz pasiva*) – Leideform des Verbs,
z.B. Soy invitado (oder invitada) por mi amigo.

Prädikat Satzaussage,
z.B. Yo <u>escribo</u> una carta.

Plural Mehrzahl eines Wortes, z.B. las cartas.

Singular Einzahl eines Wortes, z.B. la carta.

Tempus (*Mehrzahl: Tempora*) – Zeitform des Verbs,
z.B. Präsens, Futur.

Terminus (*Mehrzahl: Termini*) – Begriff, Fachausdruck, Fachwort

Zur Terminologie der Tempora im Spanischen

Aus Gründen der Übersichtlichkeit wurden die spanischen Tempora in verkürzter Form wiedergegeben. Um nicht zu weiteren begrifflichen Verwirrungen beizutragen, wurde darauf geachtet, daß die verkürzten Zeitbegriffe die Termini widerspiegeln, die in den aktuellen Grammatikbüchern verwendet werden. Die vollständig formulierten Tempora sind dem „Esbozo de una nueva gramática de la lengua española"[1] entnommen und stehen in Klammer ( ). Alle Begriffe sind entsprechend der Anordnung auf dem Zeitstrahl nach den zeitlichen Rubriken „Gegenwart – Zukunft – Vergangenheit" aufgeführt.

Rubrik „Gegenwart – Zukunft" im Indikativ:

Presente (el presente de indicativo) –
Präsens oder Gegenwart:
Siempre escribo cartas a mis amigos.

Gerundio (el gerundio) – Verlaufsform:
gebildet mit „Präsens von estar + gerundio"
Estoy escribiendo una carta.

Nahe Zukunft gebildet mit „Präsens von ir a + Infinitiv":
Voy a escribir una carta.

Futuro (el futuro de indicativo) – Futur oder Zukunft:
im Deutschen oft als „Futur I" bezeichnet
Escribiré cartas a mis amigos.

Futuro perfecto (el futuro perfecto de indicativo) –
vollendete Zukunft:
im Deutschen oft als „Futur II" bezeichnet
Habré escrito cartas a mis amigos.

Condicional (el condicional de indicativo) –
Konditional- oder Bedingungsform:
im Deutschen oft als „Konditional I" bezeichnet
Escribiría cartas a mis amigos.

Condicional perfecto (el condicional perfecto de indicativo) –
vollendete Konditional- oder Bedingungsform:
im Deutschen oft als „Konditional II" bezeichnet
Habría escrito cartas a mis amigos.

---

[1] *„Esbozo de una nueva gramática de la lengua española", Hrsg: Real Academia Española, Espasa-Calpe, Madrid 1979.*

Rubrik „Vergangenheit" im Indikativ:

Unmittelbare Vergangenheit gebildet mit „Präsens von „acabar de + Infinitiv":
Acabo de escribir una carta.

Perfecto compuesto (el pretérito perfecto compuesto de indicativo) –
Perfekt: für abgeschlossene Handlungen,
deren Folgen in die Gegenwart hineinreichen[2]
He escrito cartas a mis amigos.

Pretérito indefinido (el pretérito perfecto simple de indicativo) –
Historische Vergangenheit,
im Spanischen oft als „el indefinido" bezeichnet
Sí, te escribí una carta.

Imperfecto (el pretérito imperfecto de indicativo) –
Imperfekt oder Vergangenheit:
Yo escribía una carta,
mientras mi amiga leía un libro.

Pretérito anterior (el pretérito anterior de indicativo) –
verwandt mit dem Plusquamperfekt und
steht immer unmittelbar vor einer
anderen vergangenen Handlung:
No bien hube escrito la carta a mi amiga,
entró ella misma en la casa.

Pretérito pluscuamperfecto (el pretérito pluscuamperfecto de indicativo) –
Plusquamperfekt oder vollendete Vergangenheit:
Yo había escrito cartas a mis amigas.

---

10   [2]*vgl. H. Willers, Langenscheidts Kurzgrammatik Spanisch, Berlin und München 1990, S. 28.*

Rubrik „Gegenwart – Vergangenheit" im Konjunktiv:

Subjuntivo presente (el presente de subjuntivo) –
Präsens oder Gegenwart der Möglichkeitsform:
Deseo que escribas cartas a tus amigos.

Subjuntivo perfecto (el pretérito perfecto de subjuntivo) –
Perfekt der Möglichkeitsform:
No creo que hayas escrito cartas a tus amigos.

Subjuntivo imperfecto (el pretérito imperfecto de subjuntivo) –
Imperfekt der Möglichkeitsform:
No creía que escribieras cartas a tus amigos.

Subjuntivo pluscuamperfecto (el pretérito pluscuamperfecto de subjuntivo) –
Plusquamperfekt der Möglichkeitsform:
No creía que hubieras/hubieses escrito cartas a tus amigos.

Rubrik „Gegenwart" im Imperativ:

Imperativo presente (el presente de imperativo) –
Imperativ oder Befehlsform:
¡Subid al autobús!

Der Zeitstrahl

1.1. Zum Begriff

In unserem Leben ist Zeit nicht einfach Zeit: sie wird aufgeteilt in vergangene, gegenwärtige oder zukünftige Zeit. Diese Form der Zeit nennt man die psychologische oder die „gelebte" Zeit.

Wie auf einer Linie verbindet die „gelebte" Zeit das Vergangene mit dem Gegenwärtigen und strebt gleichsam auf einer Linie weiter in das Zukünftige, eben wie ein Strahl, der von irgendwoher kommt und nach irgendwohin weitergeht. Diese Zeit haben wir daher in Form eines Zeitstrahls dargestellt und alle Zeitformen des Verbs (Tempora) darauf plaziert.

1.2. Aufbau des Zeitstrahls

Der Zeitstrahl ist entsprechend der Aktionsform des Verbs in *„voz activa"* (Tatform des Verbs) und in *„voz pasiva"* (Leideform des Verbs) gegliedert (siehe Anhang).

Die verschiedenen Modi des Verbs wurden farblich dargestellt und alle Tempora hinsichtlich ihrer zeitlichen Aussage auf dem Zeitstrahl angeordnet: In der *„voz activa"* sind die Tempora mit den regelmäßig gebildeten Konjugationsschemata vorgestellt und werden durch die Verben *„comprar"*, *„vender"* und *„recibir"* vertreten; in der *„voz pasiva"* sind sie durch das Verb *„ser invitado"* präsentiert.

1.3. Einführung in die Tempora des Zeitstrahls

Wenn es um das Erlernen einer Sprache geht, so ist immer eine Wortsprache[3] wie etwa die englische, russische, deutsche oder spanische gemeint. Wortsprachen werden allerdings verbal mitgeteilt. Doch gerade bei einer verbalen Kommunikation wird eine Nachricht von jemandem an jemanden verschickt: es ist der Sprecher, der eine Nachricht abschickt; der Hörer wiederum empfängt jene Nachricht[4].

$$\textit{Sprecher} \rightarrow \textit{Nachricht} \rightarrow \textit{Hörer}$$

---

[3] vgl. H.-M. Gauger, Wort und Sprache, Sprachwissenschaftliche Grundfragen, Tübingen 1970, S. 45

[4] Es handelt sich hier um ein einfaches Modell der Mitteilung (Kommunikationsmodell); vgl. F. de Saussure, Cours de Linguistique Générale, Hrsg.: Ch. Bally / A. Sechehaye, Paris 1972, S. 27 f..

Eine Nachricht besteht aus Wörtern, die wohlgeordnet und in einem Geflecht von Regeln eingebettet sind, das man mit dem Wort „Grammatik" beschreiben kann: Wörter stehen also nicht beziehungslos irgendwie in einer Reihe, sondern werden nach bestimmten Regeln in eine Beziehung zueinander gebracht (z.B. durch die Flexion).

Einen Teil der Grammatik bilden die Zeitformen des Verbs (Tempora). Die Tempora haben die Aufgabe, eine Nachricht in einen zeitlichen Rahmen einzubinden. Das hat folgenden Grund, wie wir gleich sehen werden:

Der Sprecher übermittelt dem Hörer eine Nachricht; die Nachricht besteht aus drei Wörtern: ich, Apfel, essen. Richtig verstehen kann der Hörer diese Nachricht nicht: Er weiß nicht, ob der Apfel schon gegessen wurde, ob er gerade gegessen wird oder ob er noch nicht gegessen wurde. Der Hörer versteht die Nachricht deshalb nicht genau, weil der Zeitfaktor in dieser Nachricht fehlt, die Frage nach dem WANN? nicht beantwortet wird.

Damit eine Nachricht zeitlich eingeordnet werden kann und der Hörer genau weiß, ob der Inhalt einer Nachricht (hier: das Apfelessen) bereits vergangen, gegenwärtig oder gar erst zukünftig ist, haben sich in den unterschiedlichen Wortsprachen sogenannte Tempora herausgebildet. Diese Tempora sind hier für die spanische Sprache auf dem Zeitstrahl grafisch dargestellt.

Die spanischen Tempora wollen wir einzeln vorstellen und sie gleichsam unter einer zeitlichen Lupe betrachten; erklärende Satzbeispiele werden im Text nur für die „voz activa" (Tatform des Verbs) präsentiert.

Wir beginnen mit dem Indikativ, also dem Aussage- oder Wirklichkeitsmodus (graues Feld auf dem Zeitstrahl der „voz activa") und beleuchten zunächst die Gegenwart, die etwa in der Mitte des Zeitstrahls angebracht ist.

1.4. Die Tempora des indicativo (Indikativs)

1.4.1. *El presente und el gerundio*

Mit dem presente gibt es in der Regel kaum Probleme, das Tempus grammatikalisch richtig einzusetzen. Sätze wie etwa *„compro pan"* oder *„el sol se pone por el oeste"* kann jeder bilden, wenn eine aktuelle Handlung oder eine Beschreibung auszudrücken ist.

Doch es gibt neben dieser eigentlichen Rolle des presente noch zwei Besonderheiten:

Wenn z. B. die Handlung des Broteinkaufs (*compro pan*) in der Vergangenheit stattfand, der Sprecher jedoch in seiner Erinnerung diese Handlung aktualisieren möchte, so kann das Tempus presente als presente histórico den Sachverhalt beschreiben:

Ella compra pan con su amiga y después...

(Mit ihrer Freundin kauft sie Brot und dann...)

Beim presente histórico steht „*compra pan*" anstelle von „*compró pan*".

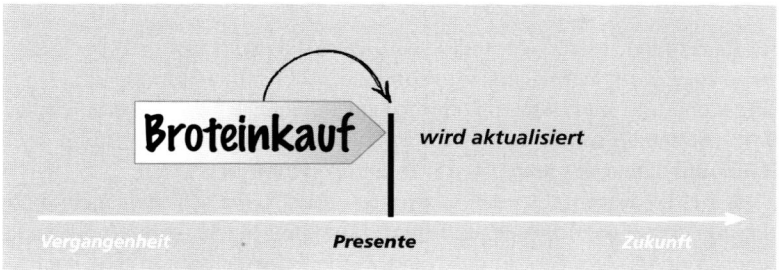

Mit dem Tempus presente läßt sich nicht nur eine vergangene Handlung aktualisieren, sondern auch eine zukünftige Handlung vergegenwärtigen: es handelt sich dabei um das presente de anticipación.

El pan lo compramos mañana.

(Morgen kaufen wir das Brot.)

In diesem Satzbeispiel steht „*compramos el pan*" für „*compraremos el pan*".

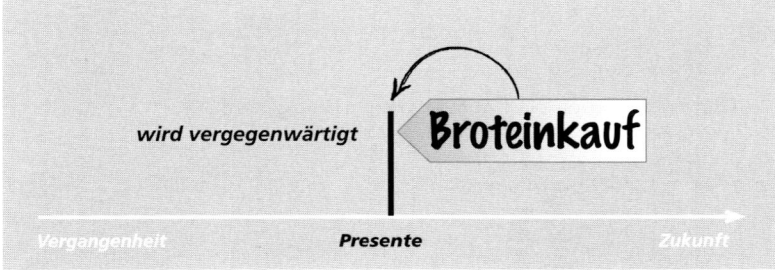

Das Wesentliche des Tempus presente ist jedoch, gegenwärtige Handlungen oder Zustände zu beschreiben. Dieses Tempus bewußt zu erleben als „gelebte" Zeit der Gegenwart fällt uns Menschen allerdings schwer. Man stelle sich die Handlung „*compro pan*" wirklich vor und erlebe sie als Gegenwart.

Dennoch kennt das Spanische noch eine Unterteilung dieser bloßen Gegenwart mit Hilfe der Formel „Präsens von estar + gerundio". Mit dieser Formel schaut das Spanische gleichsam mitten in die Handlung hinein, die sich gegenwärtig abspielt. Um das vorige Satzbeispiel aufzugreifen, verwandelt sich der Broteinkauf in:

Estoy comprando pan.

(Ich kaufe gerade Brot oder ich bin dabei, Brot zu kaufen.)

Mit der Formel „estar + gerundio" wird die Gegenwart fast greifbar: „*Estoy comprando pan*" vermag mir zu vermitteln, daß ich mittendrin in der Handlung stehe und mein Mitten-Darin-Stehen schließlich bewirkt, daß ich das Brot bekommen werde, zumindest ist das die unmittelbare Erwartung oder Hoffnung, die an das Mitten-Darin-Stehen geknüpft ist.

Wird die Erwartung oder Hoffnung erfüllt, habe ich also mein Brot bekommen, so ist meine gegenwärtige Handlung bereits vorbei und damit vergangen. Mit dem Brot in der Hand werde ich gleichsam in eine sprachliche Vergangenheit katapultiert.

1.4.2. *Die Unmittelbare Vergangenheit*

Ein Blick auf den Zeitstrahl verrät uns, welches Tempus aus der Vergangenheit nun ansteht, wenn eine gegenwärtige Handlung abgelaufen ist: die Unmittelbare Vergangenheit mit der Formel „Präsens von acabar de + Infinitiv". Die Unmittelbare Vergangenheit wird in der Grammatik nicht als eigenständiges Tempus behandelt und steht daher auf unserem Zeitstrahl in Klammern ( ).

Das Brot unter dem Arm oder in der Einkaufstasche erlaubt mir jetzt zu sagen:

Acabo de comprar pan.

(Ich habe soeben oder gerade vorher Brot gekauft.)

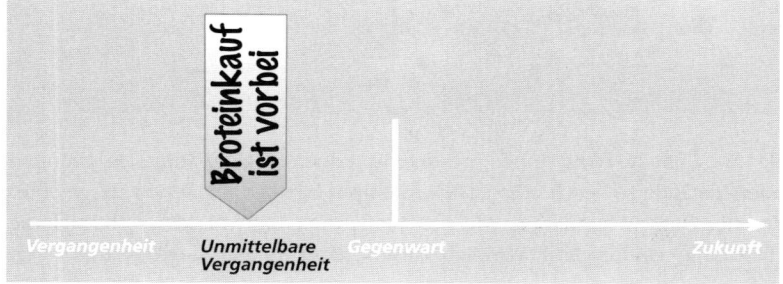

Mit diesem Satz signalisiert der Sprecher, daß die gegenwärtige Handlung des Broteinkaufs erfolgreich beendet und er daher im Besitz des Brotes sei. Das ist eine wesentliche Eigenschaft nicht nur für die Unmittelbare Vergangenheit, auch für das perfecto compuesto, wie wir gleich sehen werden.

1.4.3. *El perfecto compuesto*

Nehmen wir an, mich quälte nach einer Weile, nach einem halben Tag oder auch erst nach drei Tagen der Hunger nach Brot.

> *Tengo hambre y quisiera comer pan.*
> (Ich habe Hunger und möchte gerne Brot essen.)

In dieser Situation werde ich an den Kauf des Brotes erinnert. Ich weiß, daß ich das eingekaufte Brot besitze. Mein Hunger nach Brot ist gegenwärtig, die Handlung des Broteinkaufs jedoch abgeschlossen und vergangen, dennoch: das Ergebnis jener abgeschlossenen und vergangenen Handlung läßt sich sehen, in Form eines Brotes.

> *Tengo hambre y quisiera comer pan. No hay problemas,*
> *porque he comprado pan.*

(Ich habe Hunger und möchte gerne Brot essen. Es ist kein Problem, weil ich Brot eingekauft habe.)

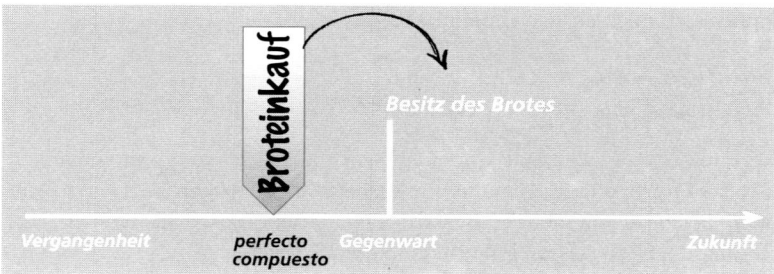

Jener Laib Brot ermöglicht es mir nun, tatsächlich den gegenwärtigen Hunger nach Brot zu stillen. Anstelle des Satzes *„he comprado pan"* könnte ich daher sagen: *„Tengo pan."* (Ich habe oder besitze Brot.) Das ist charakteristisch für das Tempus perfecto compuesto.

Noch ein weiteres Beispiel, diesmal nicht aus der näheren Vergangenheit, wie unser Beispiel mit dem Brot es nahelegt, sondern aus der weiter entfernten Vergangenheit.

17

Gehen wir davon aus, ich hätte irgendwann einmal das Sparen begonnen, vielleicht vor 20 Jahren oder auch erst vor 15 Jahren, und ich hätte etwa 10 Jahre lang immer wieder übriggebliebenes Geld auf mein Sparkonto gelegt.

Doch unvorhergesehene Lebensumstände würden jetzt (also heute) mehr Geld verschlingen als ich in den nächsten Monaten aufbringen könnte. Da ich noch im Besitz des angesparten Geldes bin, habe ich auch in dieser Situation die Möglichkeit zu sagen:

No hay problemas, porque he ahorrado bastante dinero.

(Es ist kein Problem, weil ich genügend Geld angespart habe.)

„He ahorrado bastante dinero" drückt aus: *„Tengo bastante dinero."*

Das Ergebnis der Handlung des Sparens läßt sich in Form von angespartem Geld sehen, das ich noch besitze und folglich heute meine Not lindert, obwohl die Handlung selbst vor langer Zeit begann und irgendwann in der Vergangenheit definitiv abgeschlossen wurde.

1.4.4. *El pretérito indefinido*

Zurück zu unserem Beispiel mit dem Brot: Gehen wir davon aus, ich hätte in meinem Hunger tatsächlich das ganze Brot aufgegessen, das ich mir vor wenigen Tagen oder Stunden kaufte, aber der Hunger nach Brot würde mich erneut quälen. Nun bin ich nicht mehr im Besitz des Brotes, wohl aber erinnere ich mich an den Broteinkauf.

Compré pan.

(Ich kaufte Brot.)

Die Handlung des Einkaufs war einmalig, ist abgeschlossen und vergangen und das Ergebnis jener Handlung interessiert zum jetzigen Zeitpunkt nicht mehr, da ich ja nicht mehr im Besitz des Brotes bin. Diesen Sachverhalt muß man mit dem Tempus pretérito indefinido ausdrücken.

Auch bei dem Beispiel mit dem Sparen sieht es jetzt anders aus: Nach wie vor liegt der Tatbestand des Sparens vor. Die Handlung begann irgendwann in der weit entfernten Vergangenheit und endete irgendwann in der nahen Vergangenheit. Wie beim Beispiel mit dem Brot, das ich nicht mehr besitze, weil ich es aufaß, bin ich auch hier nicht mehr im Besitz des Geldes: entweder habe ich das Geld ausgegeben oder ich gebe vor, es ausgegeben zu haben. Wie auch immer, jedenfalls behaupte ich, ich sei nicht mehr im Besitz des Geldes.

Ahorré bastante dinero.

(Ich sparte genügend Geld.)

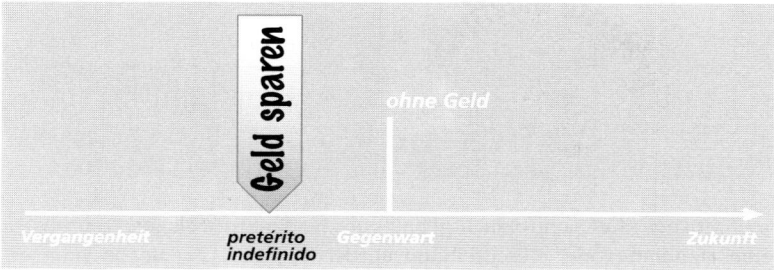

Das Ergebnis meiner damaligen Handlung SPAREN interessiert mich heute nicht mehr, weil das Geld weg ist, meine jetzige Not daher nicht gelindert wird. Nur die Handlung als solche ist von Interesse, sie war einmalig, abgeschlossen und vergangen und nimmt keinen Bezug zur Gegenwart auf. Dabei kommt es nicht darauf an, was Fakt ist, ob also das Geld nun tatsächlich ausgegeben ist oder nicht. Mit dem Satz *„ahorré bastante dinero"* will der Sprecher lediglich auf die vergangene Handlung des Sparens hinweisen, mehr nicht.

Darin unterscheiden sich perfecto compuesto und pretérito indefinido ganz wesentlich:

Wer eine Handlung im Tempus perfecto compuesto ausdrückt, möchte auf das Ergebnis einer abgeschlossenen und vergangenen Handlung abzielen. Für den Sprecher ist das Ergebnis jener Handlung wichtig: das perfecto compuesto greift quasi bis zur Gegenwart vor.

Nicht so beim pretérito indefinido: Hier wird lediglich die einmalige, abgeschlossene und vergangene Handlung dargelegt, die keinerlei Bezug zur Gegenwart aufnimmt.

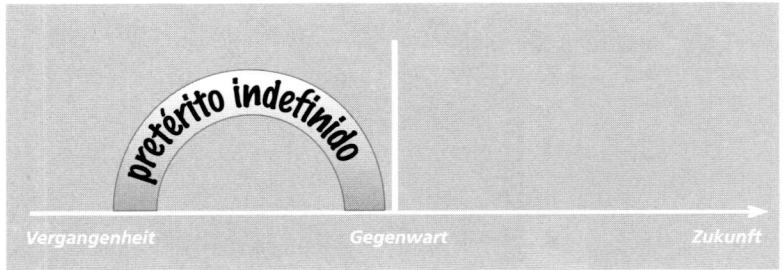

Der Sprecher muß sich folglich genau entscheiden, in welchem Tempus er seine Handlung oder Beschreibung ausdrücken möchte. Beabsichtigt er, daß das Ergebnis jener Handlung betont wird, so bleibt ihm nur das perfecto compuesto, oft begleitet von adverbialen Ergänzungen der Zeit *(hoy, esta mañana, esta semana, ayer, ya, etc.)*. Soll lediglich die Handlung als solche geschildert werden, ohne das Resultat jener Handlung anzusprechen, bleibt dem Sprecher nur das pretérito indefinido. Es liegt im Ermessen des Sprechers, welches Tempus er für seine bestimmte Handlung für angebracht hält.

1.4.5. *El imperfecto*

Das Tempus imperfecto steht etwa auf gleicher zeitlicher Ebene wie das pretérito indefinido und wird für Satzinhalte herangezogen, die Sitten und Gewohnheiten ausdrücken, aber auch Personen, Dinge oder Sachverhalte beschreiben.

> *Mi abuelo compraba pan, cuando tenía hambre.*
> (Mein Großvater kaufte Brot, wenn er Hunger hatte.)

Es war die Gewohnheit des Großvaters, immer dann Brot einzukaufen, wenn er Hunger verspürte: *„compraba pan"* steht für die Gewohnheit und *„tenía hambre"* steht für die Beschreibung eines Sachverhaltes, nämlich Hunger zu verspüren.

> *Mi abuelo ahorraba dinero, aunque era rico.*
> (Mein Großvater sparte Geld, obwohl er reich war.)

Die Gewohnheit des Großvaters war das Sparen von Geld (*ahorraba dinero*) und der beschriebene Sachverhalt war das Reichsein des Großvaters (*era rico*).

Allerdings wird das imperfecto nicht nur bei Sitten und Gewohnheiten oder bei Beschreibungen von Sachverhalten angewandt; seine große Rolle spielt es bei verschiedenen vergangenen Handlungen, die entweder gleichzeitig oder aber zeitlich nacheinander erfolgten.

Mientras yo escribía una carta, mi novio veía la televisión.

(Während ich einen Brief schrieb, sah mein Freund fern.)

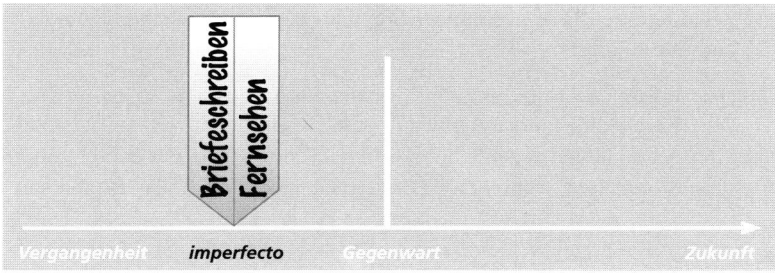

Beide Handlungen, also das Briefeschreiben und das Fernsehen, fanden gleichzeitig statt. Daher stehen beide vergangenen Handlungen im imperfecto.

Mientras yo esperaba en la estación, llegó el tren.

(Während ich im Bahnhof wartete, kam der Zug an.)

Das Warten im Bahnhof und das Ankommen des Zuges geschah nicht zeitgleich: eine Handlung war zuerst, erst danach trat eine weitere Handlung hinzu.

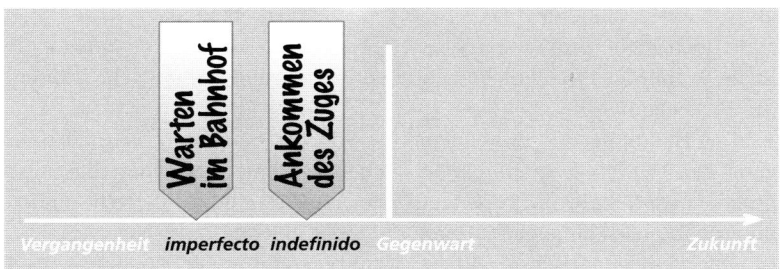

Die erste vergangene Handlung *(esperaba en la estación)* steht im imperfecto, die zweite vergangene Handlung hingegen im indefinido *(llegó el tren)* und nicht im Tempus imperfecto. Wieviel Zeit zwischen dem Beginn der ersten Handlung und dem Beginn der zweiten Handlung vergangen ist, wissen wir nicht; es können Tage, Stunden oder auch nur Sekunden sein. Die Größe des zeitlichen Abstandes ist unwesentlich; wichtig ist die Tatsache, daß ein zeitlicher Abstand zwischen dem Beginn der einen Handlung und dem Beginn der anderen vorlag. Doch kommt ein weiterer Aspekt hinzu, den wir im nächsten Satzbeispiel erörtern:

Mientras yo compraba pan, oí un grito horrible en la calle.

(Während ich Brot einkaufte, hörte ich einen fürchterlichen Schrei auf der Straße.)

Welche vergangene Handlung fand zuerst statt und welche folgte ihr?

Der Broteinkauf fand irgendwann statt, wann genau wissen wir nicht, aber der Schrei läßt sich zeitlich einordnen. Wann wurde der Schrei gehört? Vor dem Broteinkauf, während des Broteinkaufs oder nach dem Broteinkauf?

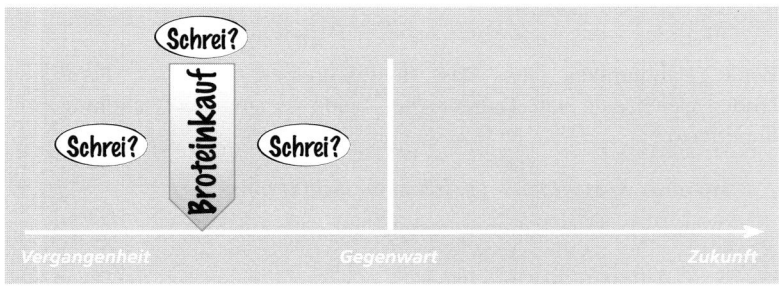

Wann der Schrei genau gehört wurde, verrät das Wörtchen *„mientras"*. Offensichtlich setzte die zweite vergangene Handlung *(oí un grito)* erst ein, als die erste Handlung (*compraba pan*) schon begonnen hatte, wohl aber noch nicht ganz abgeschlossen war. Daher ist die Antwort auf die Frage, wann der fürchterliche Schrei gehört worden sei, einfach: während des Broteinkaufs.

Die Handlung des Broteinkaufs ist von einer anderen, ebenfalls vergangenen Handlung unterbrochen worden. Diejenige Handlung, die unterbrochen wird, steht im imperfecto; diejenige Handlung, die eine andere unterbricht, wird hingegen im pretérito indefinido ausgedrückt.

Der zeitliche Abstand und die Unterbrechung einer Handlung durch eine andere erfordern bei aufeinanderfolgenden Handlungen die beiden Tempora imperfecto und pretérito indefinido.

1.4.6. *El pretérito pluscuamperfecto und el pretérito anterior*

Nun zur letzten Zeitstufe, die das Spanische sprachlich differenziert; es ist die Zeit, die am weitesten von der Gegenwart entfernt ist, auf dem Zeitstrahl ganz links.

Im Deutschen entspricht diese Zeitstufe dem Plusquamperfekt. Selbst in dieser weit entfernten Zeit differenziert das Spanische noch innerhalb dieser Zeitstufe und brachte in seiner Entwicklungsgeschichte zwei Tempora hervor: das pretérito pluscuamperfecto und das pretérito anterior: der Unterschied zwischen beiden ist sehr gering, aber doch wesentlich.

Das pretérito pluscuamperfecto steht für Handlungen, die bereits abgeschlossen und vergangen waren, als andere Handlungen eintraten.

> *Yo ya había comprado el coche rojo para él,*
> *cuando me escribió que no lo quería.*

> (Ich hatte [schon längst] das rote Auto für ihn gekauft,
> als er mir schrieb, daß er es nicht wollte.)

Die erste Handlung war die Handlung des Autokaufs (*había comprado el coche*), erst einige Zeit später setzte die zweite Handlung ein, die des Briefeschreibens *(cuando me escribió)*, ohne dabei die erste Handlung des Autokaufs zu unterbrechen.

Der Logik des Satzes folgend lag das Nichtwollen des roten Autos zwischen der Handlung des Autokaufs und der des Briefeschreibens und steht im Tempus imperfecto (*no lo quería*), womit das Nichtwollen durch dieses Tempus zusätzlich verstärkt wird.

Das Tempus pretérito pluscuamperfecto bietet die Gelegenheit, auf ein besonderes Phänomen einzugehen: die Beweglichkeit der Tempora. Im bisherigen Text wurde es bereits angedeutet, aber noch nicht explizit dargelegt.

Die zeitliche Einteilung der Tempora, wie wir sie zur Illustration vorgenommen haben, ist nicht statisch, sondern im zeitlichen Abstand variabel. Alle Tempora wandern – je nach zeitbezogenem Sachverhalt – auf dem Zeitstrahl hin und her.

Daß die verschiedenen Tempora auf dem Zeitstrahl hin- und hergeschoben werden und oft direkt hintereinander abfolgen können, beweist das Beispiel mit dem Brot. Wir halten uns an das vorangegangene Satzbeispiel und tauschen nur einige Wörter aus.

Yo ya había comprado el pan para él, cuando me dijo
que no lo quería.

(Ich hatte [bereits] Brot eingekauft, als er mir sagte,
daß er es nicht wolle.)

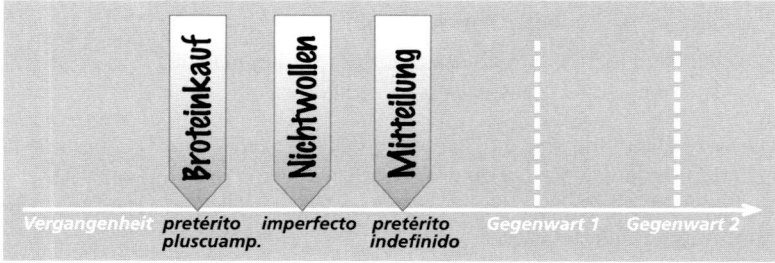

Die Handlung des Broteinkaufs *(había comprado pan)* lag vermutlich erst kurze Zeit zurück (Stunden, Tage), also zeitlich gesehen noch dicht an der Gegenwart (Gegenwart 1), einfach bedingt durch den Inhalt der Handlung (Broteinkauf). Eine gewisse Zeit danach offenbarte er sein Nichtwollen im pretérito indefinido (cuando me dijo ...).

Aber auch aus der Erinnerung könnte diese Handlung erzählt werden und bereits viele Jahre zurückliegen. Der Broteinkauf im pretérito pluscuamperfecto läge weit von der Gegenwart (Gegenwart 2) entfernt.

Der zeitbezogene Satzinhalt bestimmt, wie weit das Tempus pretérito pluscuamperfecto – von der Gegenwart aus betrachtet – in der Vergangenheit liegt.

Von der zeitlichen Einteilung her gesehen, steht das pretérito anterior „etwas näher" zur Gegenwart als das eben besprochene pretérito pluscuamperfecto. Das Tempus pretérito anterior wird für Handlungen eingesetzt, die bereits abgeschlossen und vergangen sind und unmittelbar vor einer anderen, ebenfalls vergangenen Handlung stattfanden; zwischen beiden vergangenen Handlungen liegt nur eine kurze Zeitspanne.

No bien hubo dicho esto, pasó el accidente.

(Kaum hatte er es gesagt, passierte [auch schon] der Unfall.)

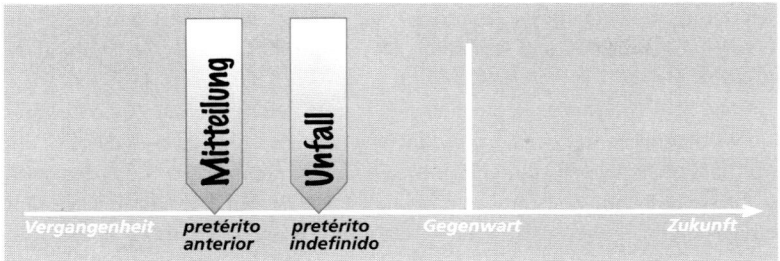

Zunächst machte er eine Mitteilung; sie war abgeschlossen und vergangen. Unmittelbar danach (also kurz darauf) geschah jener Unfall.

Das unmittelbare zeitliche Nacheinander verschiedener, vergangener Handlungen läßt sich auch bei unserem Broteinkauf demonstrieren.

Apenas hube comprado el pan, me dijo que no lo quería.

(Kaum hatte ich Brot eingekauft, sagte er, daß er es nicht wolle.)

Die Situation kann man sich richtig vorstellen: Ich plage mich ab, kaufe Brot, schleppe es nach Hause, schließe die Tür hinter mir zu, teile ihm mit, daß ich das Brot einkaufte, worauf er nichts besseres zu antworten wußte als „*no lo quería*".

Die Handlung des Broteinkaufs ist noch „greifbar nahe", sie ist aber abgeschlossen und vergangen. Weil unmittelbar darauf eine weitere vergangene Handlung eintrat (*me dijo que no lo quería*), muß der Broteinkauf im pretérito anterior stehen (*apenas hube comprado el pan*).

Mit diesem Beispiel soll uns der Blick in die Vergangenheit genügen; eine Zeitstufe, die noch weiter in der Vergangenheit liegt als das pretérito plus-cuamperfecto, wird sprachlich nicht mehr aufgeschlüsselt. Das Spanische hat bereits mit den sechs vorangegangenen Tempora das zeitliche Differenzie-rungspotential ausgeschöpft. Im Deutschen, Englischen oder Russischen differenziert man die Vergangenheit weniger stark und zeitliche Feinheiten sind dort eher verwischt, nicht so im Spanischen.

Für uns, die die spanische Sprache erlernen wollen, ist das eine Heraus-forderung: wir müssen anfangen, präziser zu denken und Gedanken exakt zu formulieren. Das Spanische hilft uns dabei.

1.4.7. *Die Nahe Zukunft*

Der Blick in die Vergangenheit fiel uns leicht; ebenso wird es uns ergehen, wenn wir den Blick in die Zukunft richten: dort begegnen uns wiederum verschiedene Tempora; sie stehen von der Gegenwart aus betrachtet rechts auf dem Zeitstrahl, also genau dort, wo der Zeitstrahl in die Zukunft weist.

Die dem Tempus presente nächst gelegene Zeit nennt man Nahe Zukunft; sie wird gebildet mit der Formel „Präsens von ir a + Infinitiv". Weil die Nahe Zukunft nicht als selbständiges Tempus in der Grammatik behandelt wird, steht sie auf dem Zeitstrahl in Klammer ( ). Die Nahe Zukunft wird dann eingesetzt, wenn eine bestimmte Handlung kurz bevorsteht. Diese kurz bevorstehende Handlung ist keine gegenwärtige Handlung wie etwa *„compro pan"*, denn sie liegt bereits im Bereich der Zukunft.

Die Handlung *„voy a comprar pan"* (ich werde [gleich] Brot einkaufen), kann sehr nahe an die Gegenwart heranreichen und unmittelbar bevorstehen. Die Handlung des Broteinkaufs hat gerade noch nicht begonnen, weil der Sprecher momentan noch mit einer anderen Handlung beschäftigt ist. Sobald diese Handlung beendet ist, könnte die nächste, die des Broteinkaufs, folgen. Damit läge die zukünftige Handlung des Broteinkaufs wirklich nur wenige Sekunden von der Gegenwart entfernt.

Doch ebenso könnte die Handlung *„voy a comprar pan"* ein paar Stunden von der Gegenwart entfernt sein. Wann genau die Handlung des Broteinkaufs stattfinden wird, wissen wir nicht; wir wissen nur, sie wird demnächst, bald oder gleich stattfinden.

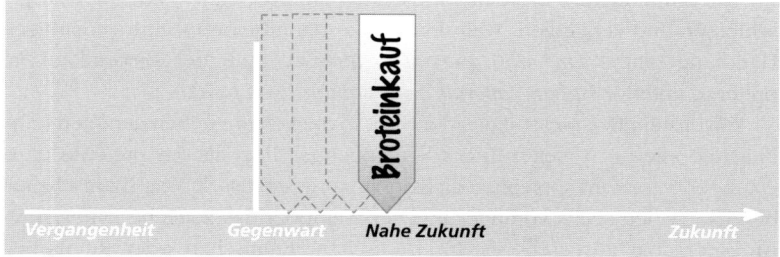

Wie nahe eine Handlung an die Gegenwart heranreicht, die im Tempus der Nahen Zukunft formuliert ist, hängt vom zeitbezogenen Sachverhalt ab.

Für die Nahe Zukunft gilt der Grundsatz: die Handlung soll unmittelbar auf die Gegenwart folgen. Wir haben versucht zu erklären, daß der Begriff „unmittelbar" dehnbar ist und mit den zeitlichen Termini wie „demnächst", „bald" oder „gleich" umschrieben werden muß. Doch gerade durch das kleine Wörtchen „unmittelbar" unterscheidet sich die Nahe Zukunft vom Tempus futuro.

1.4.8. *El futuro*

Alle Handlungen oder Beschreibungen, die ein Sprecher im Tempus futuro formuliert, sind nie unmittelbar bevorstehend. Die Grenzen zwischen Naher Zukunft und futuro sind freilich fließend. Daher wollen wir die Möglichkeiten herausarbeiten, die der Sprecher hat, wenn er eine Handlung oder Beschreibung im Tempus futuro artikulieren will.

Die Handlung des Broteinkaufs findet irgendwann in der Zukunft statt, aber nicht unmittelbar, z.B. erst morgen:

> *Mañana compraré pan.*

(Morgen werde ich Brot einkaufen.)

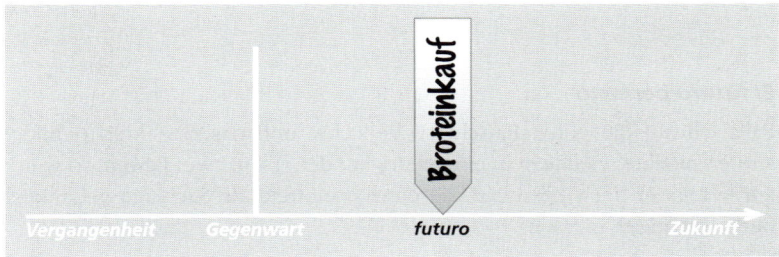

Wir schauen noch weiter in die Zukunft und überbrücken größere Zeiträume; doch diesmal tauschen wir das Wörtchen „*pan*" gegen „*coche*" aus.

> *Dentro de 2 años compraré un coche.*

(In 2 Jahren werde ich ein Auto kaufen.)

> *Dentro de 8 años compraré un coche rojo.*

(In 8 Jahren werde ich ein rotes Auto kaufen.)

Diese Beispiele veranschaulichen die zeitliche Variabilität des Tempus futuro: Es bezieht sich auf alle zukünftigen Handlungen und Beschreibungen, die nicht unmittelbar bevorstehen.

Aber futuro wird nicht nur für zukünftige Handlungen angewandt; dieses Tempus kann der Sprecher auch einsetzen, wenn eine Vermutung, eine Frage oder ein Befehl ausgedrückt werden muß.

> *¿Serán las ocho?*

(Wird es 8 Uhr sein?)

Der Sprecher ist sich nicht sicher, wieviel Uhr es ist, deshalb schätzt er die Uhrzeit.

Este coche rojo no lo comprarás.

(Du wirst dieses rote Auto nicht kaufen.)

Gemeint ist eine freundliche Aufforderung seitens des Sprechers, die anstelle eines Befehls steht. Vielleicht ist das Auto zu groß oder zu klein, zu schlecht oder zu teuer.

Der Sprecher möchte mit diesem Satz im futuro auf elegante Weise zu verstehen geben, lieber die Finger von diesem Auto zu lassen, und meint keinesfalls einen strengen Befehl. In einem solchen Fall würde der Sprecher tatsächlich auf die Befehlsform zurückgreifen, auf die wir noch zu sprechen kommen.

1.4.9. *El futuro perfecto*

Falls ich auf die guten Ratschläge verzichte und das rote Auto dennoch kaufen möchte, vielleicht in einem Monat oder erst in zwei Jahren, so werde ich bereits in der Gegenwart die danach eintretende Sachlage gedanklich berücksichtigen müssen.

Dentro de 2 años habré comprado este coche rojo.
Pero entonces no me quedará más dinero para vivir.

(In 2 Jahren werde ich das rote Auto gekauft haben.
Aber dann wird mir kein Geld mehr zum Leben bleiben.)

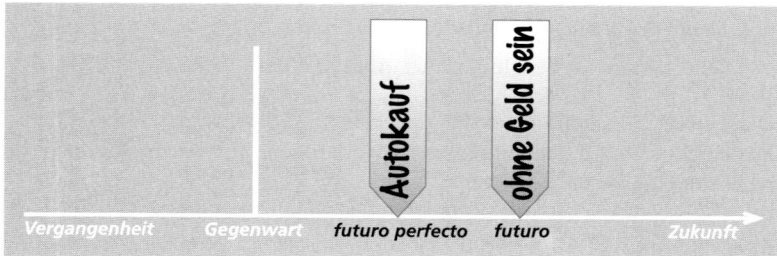

Gedanklich ist der Autokauf abgeschlossen, obwohl er in der Zukunft stattfinden wird (*habré comprado este coche rojo*). Der Sprecher wählt für diesen Sachverhalt das Tempus futuro perfecto.

Nach dem Autokauf wird eine neue Sachlage eintreten, doch wann genau sie eintreten wird spielt keine Rolle, wichtig ist nur, daß sie irgendwann nach dem Autokauf eintreten wird. Die erwartete Sachlage steht im Tempus futuro (*no me quedará más dinero...*).

Auch das Beispiel mit dem Broteinkauf ist als vollendete Handlung in der Zukunft denkbar.

> *¡No te preocupes!, mañana a las 8*
> *habré comprado pan.*

> (Mach dir keine Sorgen, morgen um 8 Uhr
> werde ich Brot eingekauft haben.)

Knüpfe ich an den Broteinkauf die Erwartung, daß mein Hunger mit dem Brot gestillt würde, so steht der eigentliche Broteinkauf im futuro perfecto, die Konsequenz aus dem Broteinkauf hingegen im futuro: denn erst muß der Broteinkauf erfolgen, danach kann ich mit dem Brot in der Hand meinen Hunger stillen. Die Handlung des Broteinkaufs ist folglich schon gedanklich abgeschlossen und vergangen, wenn die Handlung des Hungerstillens beginnt.

> *¡No te preocupes!, mañana a las 8*
> *habré comprado pan para ti.*
> *Después no tendrás más hambre.*

> (Mach dir keine Sorgen, morgen um 8 Uhr
> werde ich Brot für dich eingekauft haben.
> Danach wirst du keinen Hunger mehr haben.)

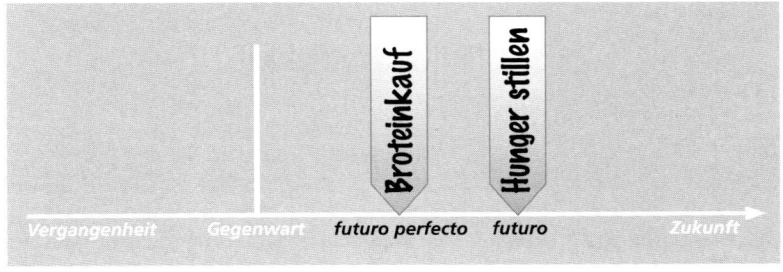

1.4.10. *El condicional*

Komplizierter verhält es sich mit den unter futuro und futuro perfecto stehenden Tempora auf unserem Zeitstrahl: dem condicional und dem condicional perfecto.

Beide Tempora drücken hypothetische (angenommene) Satzinhalte aus, die an bestimmte Bedingungen geknüpft sind. Die Bedingungen selbst treten jedoch nicht ein. Streng genommen sollten beide Tempora gar nicht auf unserem Zeitstrahl erscheinen, weil beide irreale Satzinhalte verkörpern – im Gegensatz zu den bisher erörterten Tempora. Der Vollständigkeit halber haben wir sie in den Bereich des Zeitstrahls positioniert, der in die Zukunft weist; nur dies haben condicional und condicional perfecto mit den beiden Tempora der Zukunft gemeinsam.

Im Unterschied zum Futur zeigt der Konditional allerdings aus zwei Betrachtungspunkten in die Zukunft: einmal aus der Sicht der Gegenwart und einmal aus der Sicht der Vergangenheit.

Unser Beispiel mit dem Brot verdeutlicht das Wesentliche des Konditionals:

Ich gehe spazieren und komme an einer Bäckerei vorbei. Nun fällt mir ein, daß kein Brot zu Hause ist. Da ich kein Geld bei mir habe, muß der Broteinkauf verständlicherweise unterbleiben.

Yo compraría pan, si llevase dinero conmigo.

(Ich würde Brot einkaufen, wenn ich Geld bei mir hätte.)

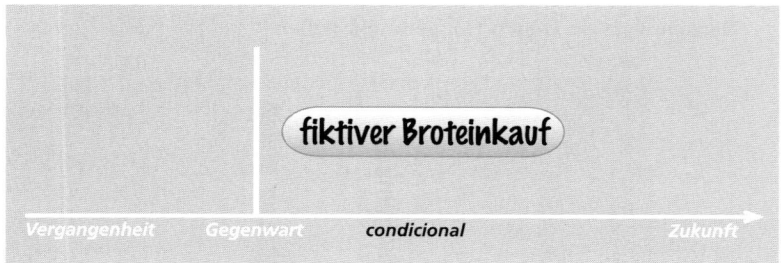

Die Handlung des Broteinkaufs wird aus der Sicht der Gegenwart betrachtet. Sie ist irreal, weil die Bedingung nicht erfüllt ist, unter der die Handlung stattfinden könnte.

Das Tempus condicional ist nicht nur für Bedingungssätze zuständig. Auch um eine Frage, eine Bitte oder eine Aussage im Ton zu mildern kann condicional eingesetzt werden.

¿Sabría Ud. traducir la noticia?

(Könnten Sie diese Nachricht übersetzen?)

Die Frage ist höflich und unaufdringlich gestellt. Nicht so beim normalen Fragesatz im Tempus presente.

¿Sabe Ud. traducir la noticia?

Dieser Fragesatz läßt keine gefühlsvolle Wärme mitschwingen.

Noch ein Beispiel zum condicional im Aussagesatz.

Me gustaría saber, si lleva dinero consigo.

(Ich würde gerne wissen, ob er Geld bei sich hat.)

Meine Neugier ist in einen condicional gekleidet; in diesem Tempus wirkt die Neugier weniger aufdringlich als wenn ich sagte:

Quiero saber, si lleva dinero consigo.

Alle Fallbeispiele ragen in den Bereich der Zukunft hinein und sind hier aus der Sicht der Gegenwart betrachtet.

Gerade weil es sich um fiktive Handlungen handelt, können wir sie mit Leichtigkeit auf dem Zeitstrahl hin- und herschieben, sogar in die Vergangenheit. Dabei müssen wir feststellen, daß auch die Vergangenheit einen Bereich der Zukunft kennt.

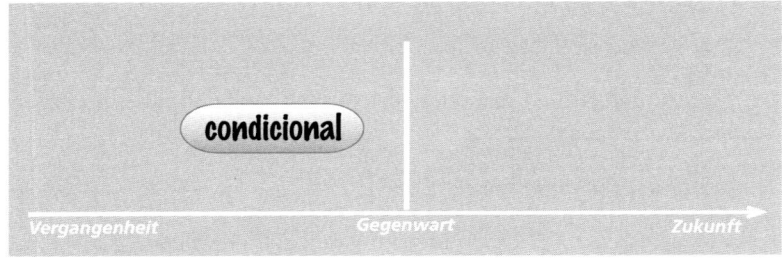

Ein Satzbeispiel verdeutlicht diesen Gedanken:

Dije que compraría pan.

(Ich sagte, daß ich Brot kaufen würde.)

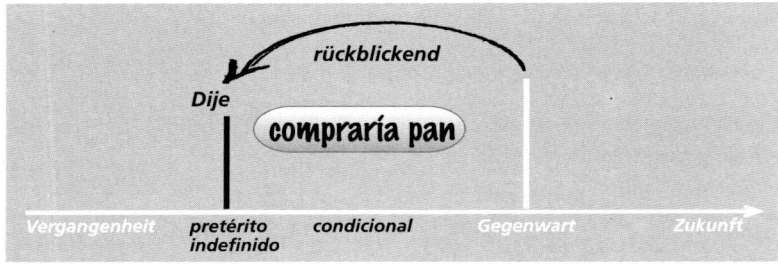

In diesem Satzbeispiel kam es nicht zum wirklichen Broteinkauf; die fiktive Handlung steht im Tempus condicional, doch diesmal aus der Sicht der Vergangenheit.Während hier das condicional in den Bereich der Zukunft der Vergangenheit ragt, bleibt hingegen das Tempus pretérito indefinido (*dije*) der Vergangenheit verhaftet.

1.4.11. *El condicional perfecto*

Das Tempus condicional perfecto drückt nicht nur die zukünftige Wahrscheinlichkeit einer Handlung oder einer Beschreibung aus der Sicht der Gegenwart oder der Vergangenheit aus, sondern bereits die Vollendung jener Wahrscheinlichkeit.

Ich stelle mir vor, wie schön es wäre, wenn ich Brot hätte kaufen können, da mein Hunger schon ziemlich groß ist. Leider wird es nicht zum Broteinkauf kommen, aus welchen Gründen auch immer.

Dentro de 5 minutos yo habría comprado el pan
y podría comerlo.

(In 5 Minuten hätte ich das Brot eingekauft
und könnte es essen.)

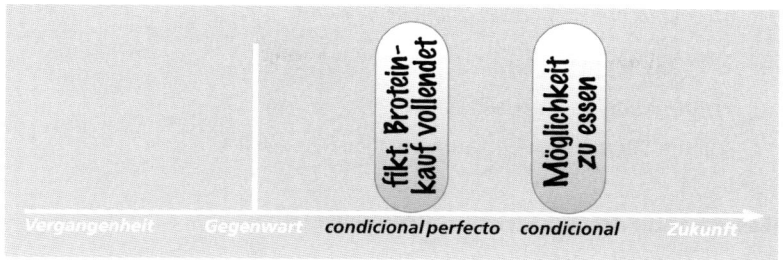

Die vollendete Handlung bleibt fiktiv und wird aus der Sicht der Gegenwart betrachtet (*Yo habría comprado el pan*). Die Wunschhandlung, das Brot aufzuessen, bleibt unerfüllt und ist nicht vollendet; sie muß daher im condicional stehen (*...podría comerlo*).

Von meinem Spaziergang kam ich irgendwann nach Hause und zwar ohne Brot. Zu Hause reflektiere ich über den hypothetischen Broteinkauf und erzähle meiner Freundin, daß ich kein Brot einkaufen konnte, weil ich kein Geld bei mir hatte.

Le dije que yo habría comprado pan,
si hubiese llevado dinero conmigo.

(Ich sagte ihr, daß ich Brot gekauft hätte,
wenn ich Geld bei mir gehabt hätte.)

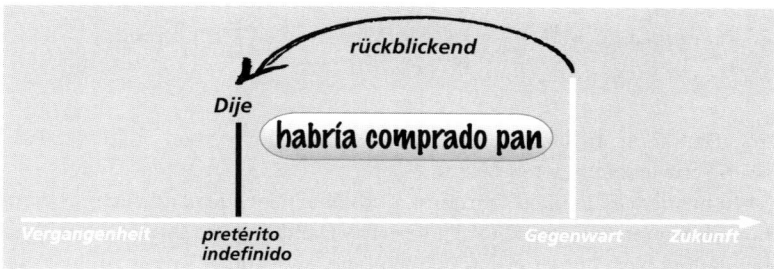

Die vollendete Handlung des Broteinkaufs fand nie statt, lediglich mein Gedanke brachte sie hervor; sie war fiktiv und steht daher im condicional perfecto. Die vollendete fiktive Handlung (*habría comprado pan*) wird jetzt aus der Sicht der Vergangenheit betrachtet (*dije*).

Insbesondere mit Hilfe der Modalverben läßt sich auch im condicional perfecto eine Aussage oder eine Frage im Ton mildern; es kleidet sie in eine höfliche Form.

Mi amiga habría podido comprarme pan.

(Meine Freundin hätte mir Brot kaufen können.)

¿Habría querido comprarme pan?

(Hätten Sie mir Brot einkaufen wollen?)

1.5. Das Tempus des imperativo (Imperativs)

1.5.1. *El imperativo presente*

Das Spanische kennt nur ein Tempus im Modus des Imperativs, nämlich das imperativo presente. Das Konjugationsschema für dieses Tempus ist am Kopf des Zeitstrahls auf rotem Feld untergebracht.

Das Interessante des Konjugationsschemas ist, daß es nur eigene Imperativformen in der 2. Person Singular und 2. Person Plural kennt (z.B. *compra, comprad*), während die restlichen Imperativformen der übrigen Personen dem subjuntivo presente entlehnt sind (z.B. *compre Ud., compremos, compren Uds.*). Soll jedoch das imperativo presente verneint werden, so entspricht das Konjugationsschema exakt dem des subjuntivo presente.

comprar	*vender*	*recibir*
no compres	*no vendas*	*no recibas*
no compre Ud.	*no venda Ud.*	*no reciba Ud.*
no compremos	*no vendamos*	*no recibamos*
no compréis	*no vendáis*	*no recibáis*
no compren Uds.	*no vendan Uds.*	*no reciban Uds.*

Eine Handlung in die Befehlsform zu setzen, dürfte dem Sprecher wohl kaum Schwierigkeiten machen.

In meinem Schrank ist kein Brot, deshalb bitte ich jemanden oder beauftrage jemanden, mir Brot einzukaufen. Die Handlung des Broteinkaufs kann unmittelbar nach der ausgesprochenen Bitte oder Aufforderung erfolgen, sie kann auch erst nach einer bestimmten Zeit ausgeführt werden.

Compra pan, ¡por favor!

(Bitte, kauf Brot ein!)

Zu welchem Zeitpunkt diese Handlung erfolgen soll, erfahren wir nicht. Soll die Handlung gleich am Anschluß an die ausgesprochene Bitte oder Aufforderung erfolgen, etwas später oder irgendwann in der Zukunft?

Diese Fragestellung deutet schon darauf hin, daß das Tempus imperativo presente direkt an die Gegenwart anschließen und unter Umständen weit in die Zukunft reichen kann. Nur der Satzinhalt bzw. adverbiale Ergänzungen der Zeit begrenzen die zeitliche Ausdehnung dieses Tempus.

> *Compra pan la semana que viene, ¡por favor!*
> (Bitte, kauf in der nächsten Woche Brot ein!)

Spätestens in zwei Wochen wird die Handlung des Broteinkaufs abgeschlossen sein, wenn der Bitte oder Aufforderung nachgekommen wird.

1.6. Die Tempora des subjuntivo (Konjunktivs)

1.6.1. *Einführung in den subjuntivo*

Nachdem wir soviele Tempora im Modus des Indikativs kennengelernt haben, mag sich vielleicht der eine oder andere fragen, für welche Zwecke nun die Tempora des subjuntivo (Modus der Möglichkeit, der Vorstellung, der Aufforderung) geeignet seien.

Um das Wesentliche des spanischen subjuntivo zu verstehen, wollen wir klären, in welchen Sätzen dieser Modus vorkommt. Dazu ein einfaches Beispiel:

Das spanische Volk wünscht sich, daß Spanien lebe. Dieser Wunsch läßt sich im Spanischen durch folgenden Hauptsatz wiedergeben: *„¡Viva España!"*

Dieser Hauptsatz ist allerdings verkürzt dargestellt. Der ungekürzte Satz könnte etwa lauten: *„El pueblo español desea que España viva".*

Der ungekürzte Satz besteht aus einem Hauptsatz (*el pueblo español desea*) und aus einem Nebensatz (*que España viva*). Der Wunsch des spanischen Volkes ist im Modus des subjuntivo gekleidet und steht im Nebensatz. Dieser Wunsch ist abhängig von einem Prädikat, das im Hauptsatz steht und diesen Wunsch einleitet (*desea*). Dieses Prädikat (*desea*) bestimmt, daß im folgenden Nebensatz der Modus des subjuntivo steht. Dabei macht es keinen Unterschied, ob das Prädikat (*desea*) in einem Hauptsatz expressis verbis formuliert ist (*el pueblo español desea que…*) oder auch nur gedacht wird, wie in unserem Fallbeispiel (*¡Viva España!*).

Demzufolge steht im Nebensatz immer dann der Modus des subjuntivo, wenn das Prädikat des Hauptsatzes es verlangt: Es handelt sich hierbei um Prädikate, die einen Wunsch oder eine Bitte ausdrücken (*desear, querer, rogar, exigir, etc.*) oder eine Gemütsbewegung beschreiben (*sentir, celebrar, perdonar, dudar, etc.*). Aber auch nach unpersönlichen Ausdrücken, die eine Notwendigkeit oder Möglichkeit ausdrücken (*es preciso, es imposible, es necesario, etc.*), oder auch nach bestimmten Prädikaten (*creer, opinar, decir, pensar, etc.*), wenn sie verneint sind oder als Frage formuliert werden und somit eine Ungewißheit in den Satzinhalt hineintragen. Der subjuntivo ist jedoch nicht nur von einem Prädikat des Hauptsatzes abhängig, er ist auch bestimmten Konjunktionen (Bindewörtern) untergeordnet, denen etwa ein finaler (zweck- oder zielgerichteter) oder konzessiver (einräumender) Charakter innewohnt, so z.B. in den Konjunktionen

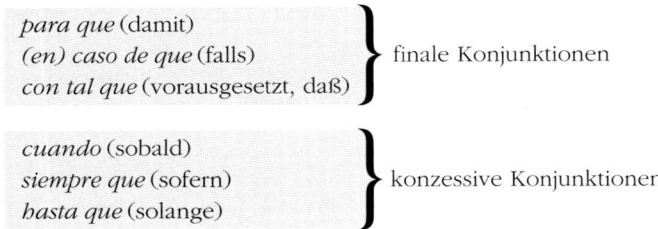

para que (damit)
(en) caso de que (falls)   } finale Konjunktionen
con tal que (vorausgesetzt, daß)

cuando (sobald)
siempre que (sofern)   } konzessive Konjunktionen
hasta que (solange)

Diese Konjunktionen verlangen den subjuntivo gerade in dem Nebensatz, den sie selbst einleiten:

Esta tarde voy a comprar pan, para que tengas pan en casa.

(Heute nachmittag werde ich Brot kaufen,
damit du Brot zu Hause hast.)

Hasta que no tengas dinero, no puedes comprar pan.

(Solange du kein Geld hast, kannst du kein Brot einkaufen.)

Mit diesen Hinweisen dürfte weitestgehend Klarheit über den Zweck des Modus des subjuntivo bestehen.

Welches Tempus des subjuntivo allerdings im konkreten Fall eingesetzt werden sollte, muß noch erörtert werden.

Es gibt in der aktuellen spanischen Sprache vier Tempora im Modus des subjuntivo, aber neun Haupttempora im Modus des indicativo. Im Laufe der spanischen Sprachgeschichte bildeten sich Kompromisse[5] heraus, bis sich die verschiedenen Tempora beider Modi entsprachen.

Die grundsätzlichen Entsprechungen der verschiedenen Tempora beider Modi, aber auch ihre sprachpraktische Anwendung sind auf dem Zeitstrahl mit Hilfe der geschweiften Klammern ⌣ gekennzeichnet.

Anhand von Satzbeispielen stellen wir die jeweiligen Entsprechungen und Anwendungsmöglichkeiten vor; wir beginnen mit dem Tempus subjuntivo presente.

1.6.2. *El subjuntivo presente*

Tempora des „indicativo"   **Tempora des „subjuntivo"**

presente

Deseo

(Ich wünsche, daß du Brot einkaufst.)

subjuntivo presente

que compres pan.

Nahe Zukunft

Voy a rogarle

(Ich werde sie gleich bitten, daß sie Brot einkauft.)

subjuntivo presente

que compre pan.

futuro

Será necesario

(Es wird notwendig sein, daß du Brot einkaufst.)

subjuntivo presente

que compres pan.

futuro perfecto

(Ich sage dir), *dentro de pocos minutos te habrán rogado*

([Ich sage dir], in wenigen Minuten werden sie dich gebeten haben, daß du ihnen das rote Auto kaufst.)

subjuntivo presente

que compres el coche rojo para ellos.

---

5 *Betroffen davon sind das Tempus pretérito anterior sowie die Tempora futuro und futuro perfecto, die in der modernen spanischen Sprache keine eigenen formalen Entsprechungen im Modus des subjuntivo bewahren konnten, vgl. Esbozo de una nueva gramática de la lengua española, a. a. O., S. 477.*

1.6.3. El subjuntivo perfecto

Tempora des „indicativo"	Tempora des „subjuntivo"

perfecto compuesto
Creo que
ha venido Pepe.
(Ich glaube nicht, daß Pepe gekommen ist.)

subjuntivo perfecto
No creo que
haya venido Pepe.

Unmittelbare Vergangenheit
Acabo de agradecerle
(Ich habe ihr soeben gedankt, daß sie das rote Auto verkaufte.)

subjuntivo perfecto
que _haya vendido_ el coche rojo.

presente
Es lástima
(Es ist schade, daß du kein Brot eingekauft hast.)

subjuntivo perfecto
que no _hayas comprado_ pan.

Nahe Zukunft
Voy a perdonarte,
(Ich werde dir verzeihen, wenn du mir alles gesagt hast, ...)

subjuntivo perfecto
cuando me _hayas dicho_
todo ...

futuro
No _creerá_
(Er wird nicht glauben, daß sie gekommen sind.)

subjuntivo perfecto
que _hayan venido._

futuro perfecto
Creo que entonces ya
habrá comprado el coche rojo.
(Ich glaube nicht, daß er dann schon das rote Auto gekauft haben wird.)

subjuntivo perfecto
No creo que entonces ya
haya comprado el coche rojo.

1.6.4. El subjuntivo imperfecto

Der subjuntivo imperfecto kennt zwei Konjugationsschemata: die Formen auf -_ra_ gehen auf den lateinischen Plusquamperfekt Indikativ (laudave_ram_) zurück, die Formen auf -_se_ wurden hingegen vom lateinischen Plusquamperfekt Konjunktiv (laudavis_sem_) abgeleitet. Grundsätzlich werden im Sprachgebrauch beide Ableitungsformen (-ra, -se) gleich angewandt, doch hat sich in der sprachgeschichtlichen Entwicklung zusehends eine Bevorzugung für die letztere Ableitungsform (-se) herauskristallisiert, wenn es sich um Nebensätze handelt, die mit „si" eingeleitet werden (bei sogenannten Wenn-Sätzen).

Tempora des „indicativo" **Tempora des „subjuntivo"**

imperfecto
Creí que <u>compraba</u> pan.

subjuntivo imperfecto
No creí que <u>comprara/comprase</u> pan.

(Ich glaubte nicht, daß er Brot kaufte.)

pretérito indefinido
Me <u>rogaron</u>

subjuntivo imperfecto
que <u>comprara/comprase</u> pan.

(Sie baten mich, daß ich Brot einkaufte.)

Neben den beiden Tempora imperfecto und pretérito indefinido findet sich auch das Tempus condicional wieder, das seine Entsprechung im subjuntivo imperfecto hat.

condicional
Yo <u>compraría</u> aquel libro,

subjuntivo imperfecto
si <u>tuviese</u> dinero.

(Ich würde jenes Buch kaufen, wenn ich Geld hätte.)

Alle Konditionalsätze (Bedingungssätze) sind an eine Bedingung gebunden, die nicht erfüllt wird. Daher steht nach Konditionalsätzen immer Konjunktiv (subjuntivo), unabhängig davon, ob das Prädikat des Hauptsatzes den Modus des subjuntivo im Nebensatz verlangt. In unserem Satzbeispiel fordert dieses Prädikat (*comprar*) keinen subjuntivo im Nebensatz, wohl aber das Tempus condicional!

1.6.5. *El subjuntivo pluscuamperfecto*

Tempora des „indicativo" **Tempora des „subjuntivo"**

pretérito pluscuamperfecto
Creía que <u>había comprado</u> pan.

subjuntivo pluscuamperfecto
No creía que <u>hubiera/hubiese comprado</u> pan.

(Ich glaubte nicht, daß er Brot eingekauft hatte.)

pretérito anterior
Apenas <u>hubo llegado</u>
a la estación, partió el tren.

subjuntivo pluscuamperfecto
No creí que
ya <u>hubiera/hubiese llegado</u> a la estación cuando el tren partió.

(Ich glaubte nicht, daß er schon am Bahnhof angekommen war, als der Zug abfuhr.)

Das Tempus condicional perfecto hat seine Entsprechung ebenfalls im subjuntivo pluscuamperfecto.

condicional perfecto	**subjuntivo pluscuamperfecto**
Yo _habría comprado_ pan,	si _hubiese llevado_ dinero conmigo.

(Ich hätte Brot eingekauft, wenn ich Geld bei mir gehabt hätte.)

1.6.6. Schlußbemerkung

All diese Satzbeispiele verdeutlichen auch die Abhängigkeit der Entsprechungen der Tempora des indicativo im Konjunktiv-Bereich vom Kontext (Zusammenhang) des Satzes bzw. von der Intention (Absicht) des Sprechers.

Gerade die Intention des Sprechers kann einen Satzinhalt zeitlich soweit verschieben – und zwar in die Vergangenheit als auch in die Zukunft –, daß es zu Abweichungen gegenüber den vorgestellten Entsprechungen kommt. Aus Gründen der Übersichtlichkeit wurden solche Abweichungen nicht auf dem Zeitstrahl berücksichtigt. Dennoch wollen wir eine solche Besonderheit am Beispiel des Tempus perfecto compuesto im Text ansprechen:

> **A.** 1. Me **ha rogado** _que compre pan._
> 2. Me **ruega** _que compre pan._
> 3. Me **rogará** _que compre pan._

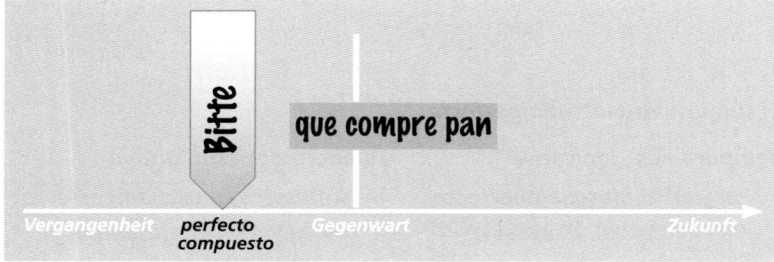

Die eigentliche Handlung (_compre pan_) aller drei Satzbeispiele findet erst irgendwann in der Zukunft statt; der Sprecher betrachtet allerdings die Handlung im ersten Beispiel aus der zeitlichen Sicht des Tempus perfecto compuesto. Der Sprecher verschiebt die Bitte (_me ha rogado_) in die Vergangenheit hinein, obwohl die Handlung zukünftig ist.

Dadurch erreicht er, daß der gesamte Satzinhalt des ersten Beispiels (*me ha rogado que compre pan*) auf den Hörer etwas „älter" wirkt als bei den anderen beiden Beispielen; dieses „Älterwirken" hat der Sprecher mit dem kleinen Trick erreicht, die Bitte einfach in die Vergangenheit zu verschieben (*me ha rogado*).

> **B.** 1. Me **ha rogado** que comprara pan.
> 2. Me **rogó** que comprara pan.
> 3. Me **rogaba** que comprara pan.

Die Handlung (*comprara pan*) aller drei Satzbeispiele fand bereits irgendwann in der Vergangenheit statt; der Sprecher betrachtet die Handlung im ersten Beispiel aus der zeitlichen Sicht des Tempus perfecto compuesto. Der Sprecher verrückt die Bitte (*me ha rogado*) zur Gegenwart hin, obwohl die Handlung vergangen ist.

Dadurch erreicht er, daß der gesamte Satzinhalt des ersten Beispiels (*me ha rogado que comprara pan*) auf den Hörer etwas „jünger" wirkt als die Inhalte der übrigen beiden Beispiele; dieses „Jüngerwirken" erreichte der Sprecher, indem er die Bitte zur Gegenwart hin verschob (*me ha rogado*).

Es war die Intention des Sprechers, mit Hilfe einer geringen zeitlichen Verschiebung die Bitte und die an die Bitte geknüpfte Handlung zeitlich zu modifizieren. Das Tempus perfecto compuesto ist für diese Rolle beinahe ideal: es partizipiert an der Vergangenheit und an der Gegenwart, denn es wird für vergangene Handlungen eingesetzt, deren Resultate bis in die Gegenwart hinein wirken.

Literaturverzeichnis

Esbozo de una nueva gramática de la lengua española,
Hrsg: Real Academia Española, Espasa-Calpe, Madrid 1979.

Fente, R./Fernández, J./Feijóo, L.G.: El Subjuntivo, Colección: Problemas Básicos del Español, SGEL, S.A., Madrid 1981.

Gauger, H.-M.: Wort und Sprache. Sprachwissenschaftliche Grundfragen, Tübingen 1970.

Gramática de la lengua española, Colección Nebrija y Bello, Real Academia Española, Hrsg.: Emilio Alarcos Llorach, Espasa Calpe, Madrid 1994.

Halm, W./Moll Marqués, J.: Modernes Spanisch, Max Hueber Verlag, München 8/1975.

Halm, W.: Das spanische Verb. Systematische Konjugationstabellen, Gebrauch der Zeiten und Modi, Max Hueber Verlag, München 1991.

Halm, W.: Spanisch für Sie. Grammatik, Max Hueber Verlag, München 1981.

Lepiorz, G.: Weltsprache Spanisch, Max Hueber Verlag, München 1972.

Saussure, F. de: Cours de Linguistique Générale, Hrsg: Ch. Bally/A. Sechehaye, Paris 1972.

Willers, H.: Langenscheidts Kurzgrammatik Spanisch, Berlin und München 1990.

Spanischlehrbücher im Schmetterling Verlag

Josep Martí i Pérez:
*TRAMONTANA – MÉTODO PROGRESIVO PARA LA
ENSEÑANZA DE LA LENGUA ESPAÑOLA*

(Lehrbuch mit oder ohne Lösungsteil)
Hauptband – broschierte Ausgabe mit Lösungsteil, 256 S., ISBN 3-926369-72-8
Hauptband – broschierte Ausgabe ohne Lösungsteil, 240 S., ISBN 3-926369-79-5
Hauptband – gebundene Ausgabe ohne Lösungsteil, 240 S., ISBN 3-926369-84-1
Lösungsheft , 16 S., geheftet, ISBN 3-926369-80-9

Pia Corte (Bearb.):
TRAMONTANA – Wortschatz
Das komplette Vokabular zum TRAMONTANA-Kurs nach Kapiteln geordnet;
120 S., ISBN 3-926369-71-x

TRAMONTANA – Sprachlernkassette
Auf zwei Kassetten die gesprochenen Texte des TRAMONTANA-Hauptbandes
ISBN 3-926369-81-7

Lektüren: Temas hispánicos

Die Textsammlungen der Reihe Temas hispánicos richten sich an Fortgeschrittene an Hochschulen und allgemeinbildenden Schulen, sind aber auch zum Selbststudium geeignet. Kontextualisierte Übungen zur Lexik und Grammatik dienen zur Festigung und Wiederholung sprachlicher Kenntnisse. Weitere Übungen regen zur inhaltlichen Erschließung und Interpretation der Texte an. Fernando Lalana Lac, als Spanischlehrer an einem Gymnasium tätig, hat das Textmaterial im Unterricht intensiv erprobt.

Fernando Lalana Lac:
TRAMONTANA – El problema vasco
«El problema vasco» bietet durch eine gezielte Auswahl publizistischer Quellen Einblick in Entstehung, Entwicklung und Bedeutung des baskischen Nationalismus sowie in Ideologie, Strategie und Selbstverständnis der ETA. 112 Seiten, ISBN 3-926369-74-4

El problema vasco – Lehrerheft   64 Seiten, ISBN 3-926369-78-7

Fernando Lalana Lac:
TRAMONTANA – Racismo en España
«Racismo en España» faßt Textmaterial zum Phänomen des Fremdenhasses in Spanien, zur Diskriminierung der «gitanos», Nordafrikaner und Lateinamerikaner zusammen und fragt nach Ursachen, Folgen und Gegenstrategien zum Neorassismus in Europa.
112 S., ISBN 3-926369-82-5

Racismo en España – Lehrerheft   64 Seiten, ISBN 3-926369-83-3

Fernando Lalana Lac:

TRAMONTANA – «Queríamos que fuesen libres.»
España y sus jóvenes

Texte zum Alltag der Jugend in Spanien (Drogen, Jugendarbeitslosigkeit, Gewaltbereit-schaft, pseudoreligiöse Sekten...); besonders gekennzeichnete, adaptierte Texte eignen sich zum Einstieg in die Textarbeit.
144 Seiten, ISBN 3-926369-30-2

«Queríamos que fuesen libres.» España y sus jóvenes – Lehrerheft
80 Seiten, ISBN 3-926369-31-0

Fernando Lalana Lac:

TRAMONTANA – Guardianes de la naturaleza.
Los indios y su América

Dieses Dossier umfaßt Texte bekannter AutorInnen wie Rigoberta Menchú, Eduardo Galeano oder José Luzenberger über das erwachende Selbstverständnis der Ureinwoh-ner Lateinamerikas als Bewahrer natürlicher Lebensräume.
160 Seiten, ISBN 3-926369-35-3

Guardianes de la naturaleza. Los indios y su América – Lehrerheft
68 Seiten, ISBN 3-926369-36-1

G. Aparicio
Spanisch für Besserwisser

Was den Deutschen am Spanischen spanisch vorkommt

Schmetterling Verlag

Guillermo Aparicio:
Spanisch für Besserwisser

Deutsche, die Spanisch lernen, stolpern mit schöner Regelmäßigkeit über bestimmte Struk-turen, Redewendungen und Formen.
Dagegen möchte Spanischlehrer und Publizist Guillermo Aparicio Abhilfe schaffen, mit diesem heiter-literarischen Fehlerstammbuch, ergänzt durch grammatische und lexikalische Erklärun-gen, maßgeschneiderte Übungen und Lektüren. Kontrastive Betrachtungen zu Unwegbarkeiten und Eigenheiten der spanischen Sprache. Hei-ter-nachdenkliches für Fortgeschrittene und alle, für die Sprache mehr als pure Informationsver-mittlung bedeutet.

215 Seiten, ISBN 3-926369-39-6

Schmetterling Verlag

Rotebühlstr. 90, 70178 Stuttgart, Fon: 0711/626779, Fax: 0711/626992